HAMSTERRAD VERLASSEN

Top 50 besten Tipps, um schnell aus dem Hamsterrad zu entfliehen!

Haftungsausschluss

Dieses Buch bzw. E-Book enthält Meinungen und Ideen des Autors und hat die Absicht, Menschen hilfreiches und informatives Wissen zu vermitteln. Die enthaltenen Tipps und Strategien passen möglicherweise nicht zu jedem Leser, und es gibt keine Garantie dafür, dass sie auch bei jedem funktionieren.

Die Benutzung dieses Buches bzw. E-Books und die Umsetzung der darin enthaltenen Informationen erfolgt ausdrücklich auf eigenes Risiko. Der Autor kann für etwaige Unfälle und Schäden jeder Art, die sich beim Besuch der in diesem Buch aufgeführten Orten ergeben (z.B. aufgrund fehlender Sicherheitshinweise), aus keinem Rechtsgrund eine Haftung übernehmen. Haftungsansprüche gegen den Autor für Schäden materieller oder ideeller Art, die durch die Nutzung oder Nichtnutzung der Informationen bzw. durch die Nutzung fehlerhafter und/oder unvollständiger Informationen verursacht wurden, sind grundsätzlich ausgeschlossen. Rechts- und Schadenersatzansprüche sind daher ausgeschlossen.

Das Werk inklusive aller Inhalte wurde unter größter Sorgfalt erarbeitet. Der Autor übernimmt jedoch keine Gewähr für die Aktualität, Korrektheit, Vollständigkeit und Qualität der bereitgestellten Informationen.

Inhaltsverzeichnis

Einleitung

Vielleicht geht es dir gerade richtig beschissen… genau wie tausenden anderen Deutschen: du hast einfach kein bock mehr, dein Leben lang 40 Stunden pro Woche oder mehr für andere zu schuften und dafür auch noch schlecht bezahlt zu werden.

Du willst mehr Zeit für deine Familie, Freunde und Hobbys haben? Du willst endlich deinen beschissenen Job kündigen und ein erfülltes und glückliches Leben genießen?

Hast du Bock auf mehr Freizeit? Mehr Geld? Und mehr Urlaub?

Dann ist dieser Ratgeber genau für dich!

Ich habe für dich die 50 besten Tipps & Tricks, wie du dein Hamsterrad endlich verlassen kannst, zusammengefasst.

Doch bevor ich anfange, hier ein kleiner Hinweis: hier findest du einen Link zu einem Gratis Video, welches dir eine geniale Methode enthüllt, wie du dein Hamsterrad wirklich Schritt für Schritt unter Anleitung eines Profis verlassen kannst:

>> www.FreeHappyLife.com <<

KEIN SCHERZ! Falls du ernsthaft dein Hamsterrad verlassen willst, dann checke das Video unter diesem Link :)

P.S.: Dieser Ratgeber enthält Affiliate Links. Falls du das Produkt über diesen Link kaufst, werde ich zu einem kleinen Teil an dem Gewinn beteiligt.

Das macht das Produkt über diesen Link aber nicht teurer.

Und nun kommen wir zur meinen Tipps

Die TOP 50 besten Tipps, um schnell aus dem Hamsterrad zu entfliehen

Tipp #1: Minimiere deine Fixkosten

Fixkosten sind letztendlich die Kosten, die dein Lebensstandard festlegen. Sie sorgen dafür, dass dein Konto leergeräumt wird, ohne dass du wirklich die Kontrolle hast. Aber du kannst du Kontrolle zurückgewinnen und dir dein Hamsterrad-Ausstieg erleichtern, indem du deine Fixkosten reduzierst. Beschränke dich erst einmal auf das Nötigste und suche dir eine Wohnung, die dich nicht direkt nach dem Gehaltseingang wieder arm macht. Und generell rate ich dir, deine Zahlungsverpflichtungen zu minimieren. Kündige das, was einfach nicht gebraucht wird. Das macht dir das Leben um einiges einfacher.

Tipp #2: Finanzielles Polster bilden

Sobald du deine Fixkosten gesenkt hast, musst du deinen finanziellen Schutz bilden. Jetzt, da du deine Fixkosten minimiert hast, hast du mehr Geld dafür. Damit ist kein Plan B gemeint, sondern ein echtes Finanzpolster. Errechne anhand deiner Fixkosten, wie viele Monate du mit deinem Erspartem, direkt verfügbaren Geld überleben könntest, wenn ab sofort kein Gehalt mehr reinkommen würde. Ich empfehle dir, dich mindestens für 9 Monate abzusichern. Letztendlich ist es aber deine Entscheidung, wie lange du dir zutraust, ohne laufendes Einkommen zu leben.

Tipp #3: Definiere ein klares finanzielles Ziel

Ganz klar ist, das Geld für dich eine Rolle spielen wird. Auch, wenn du es nicht zu wichtig nehmen solltest – das heißt, dass du dich nicht ausschließlich auf Geld konzentrieren sollst – musst du wissen, wie du mit diesem Thema umgehst. Das heißt: Wie viel gibst du aus? Wie viel Geld brauchst du? Wie viel Geld möchtest du haben?

Zu kannst nur das etwas erreichen, wenn du auch genau weißt, was du erreichen möchtest. Das klingt logisch, oder? Eine leichte Vorstellung, die sagt: Ich will auf jeden Fall finanziell frei sein, reicht nicht aus. Das ist kein Ziel. Das kann man sich nicht vorstellen. Also ermittle genau, wie viel Geld du im Monat brauchst. Sind es 3000€, 10000€ oder noch mehr?

Tipp #4: Breche dein Einkommen herunter

Dein Ziel liegt bei 10.000 Euro monatlich? Das klingt im ersten Schritt vielleicht viel, ja sogar unrealistisch. Dirk Kreuter hat hier aber einen unfassbar guten Tipp. Breche einfach deinen Betrag herunter auf bestimmte Tage oder Kunden. Sprich: Für 10.000€ musst du pro Tag in etwa 333 Euro verdienen. Das klingt bereits nicht mehr ganz so unrealistisch, oder?

Oder anders: Für 10.000 Euro brauchst du 1 Kunden, der dir 10.000 bezahlt. Oder 100 Kunden, die dir 100 Euro bezahlen. Oder 10.000 Kunden, die dir 1 Euro bezahlen. Plötzlich wird dir bewusst, dass es keine Riesenaufgabe mehr ist.

Tipp #5: Baue dir mehrere Einkommensströme nebenberuflich auf

Eines muss dir klar sein. Lege nicht alle Eier in einem Korb. Als cleverer Hamsterrad-Aussteiger hast du mehrere Einkommensquellen, die dir ein gewisses Maß an Sicherheit und Flexibilität gewährleisten. Beginne mit einem Einkommensstrom. Wenn dieser angelaufen ist, kannst du den nächsten Einkommensstrom aufbauen. Immer einer nach dem anderen. Je mehr Einkommensströme du hast, desto reicher wirst du leben können.

Tipp #6: Erschließe passive Einkommensquellen

Passive Einkommensquellen ist das Mittel schlechthin, um aus dem Hamsterrad herauszukommen. Zwar kannst du auch aus dem Hamsterrad hinaus, wenn du in einem Job bist – also wenn du dich wirklich gerne dort befindest, aber wenn du frei von beruflichen Pflichten sein möchtest, brauchst du Einnahmequellen, die nicht an deiner Arbeitskraft und an deinem Zeiteinsatz gebunden sind. Was können passive Einnahmequellen sein? Zum Beispiel Aktien, Immobilien, Bücher, Kurse, Musik, Filme, Unternehmen, Affiliate Marketing, YouTube Channel, Instagram und viele mehr.

Klar ist natürlich, dass du dafür im Vorfeld ausreichend Arbeit leisten musst, um die Einkommensquellen ins Rollen zu bringen.

Tipp #7: YouTube Channel aufbauen

Du bist Experte in einem Bereich? Dann gebe dein Wissen in inspirierenden Videos weiter, sodass Anfänger dein Wissen umsetzen können. Mit der Empfehlung von Produkten kannst du dann Affiliate Marketing betreiben und an den Provisionen verdienen. Werbung auf deine Videos zu schalten ist ebenfalls eine Möglichkeit, Geld zu verdienen. Klar ist jedoch, dass der Aufbau sehr viel Zeit kostet.

Tipp #8: T-Shirts erstellen und verkaufen

Dank mehreren Plattformen wie zum Beispiel teezly.com oder spreadshirt.de kannst du dein Logo auf ein T-Shirt drucken lassen und es direkt von der Plattform aus verkaufen. Der Anbieter übernimmt sowohl den Druck, als auch den Versand für dich. Du brauchst du Werbung für dein Produkt zu schalten. Wo kommen die Logos her? Schau dich auf anderen Plattformen wie zum Beispiel Fiverr oder Freelancer.de nach Logodesignern um. Für wenig Geld können die dir bereits hochwertige Designs liefern.

Tipp #9: eBooks und Online Kurse erstellen

Wenn du in einem Bereich Experte bist, musst du nicht gleich einen YouTube Channel starten. Du kannst auch ein eBook schreiben oder einen Online Kurs erstellen. Dein Vorteil ist, dass kaum Produktionskosten auf dich zukommen und wenn du ein Produkt einmal fertig hast, lässt es sich unendlich oft verkaufen. Du erschaffst ein Produkt, dass dir immer wieder passives Einkommen generiert.

Tipp #10: Nimm dir Zeit und hab Geduld

Du wirst nicht von heut auf morgen ein funktionierendes Geschäft haben. Du musst deinem Unternehmen viel Zeit zum Aufbau geben und ein solides Fundament bilden. Es werden Situationen kommen, in denen du enttäuscht sein wirst und alles wegschmeißen willst. Hier musst du stark sein, denn es ist vollkommen normal, dass es soweit kommt. Die erfolgreichsten Unternehmer sind diejenigen, die genau in diesen Momenten aufgestanden sind und weitergemacht haben. Also gib nicht auf!

Tipp #11: Das Warum finden

Du hast zwar bemerkt, dass du irgendwie im Hamsterrad steckst und hast das Gefühl, dass du da rausmusst. Das ist wundervoll. Doch so weit kommen viele. Die wichtige Frage ist: Warum willst du eigentlich da raus? Wenn ein Leben in Freiheit für dich einfach nur gut klingt, aber sonst keine Gründe vorhanden sind, bleibst du vielleicht besser im Job.

Frage dich, was dich antreibt? Was würdest du machen, wenn du ab morgen finanziell und zeitlich freiwärst?

Tipp #12: Wo stehst du jetzt?

Analysiere deine Situation! Bevor du hochhinaus gehst, musst du wissen von wo du den ersten Schritt machen musst. Kenne deine Finanzen. Kenne deine Probleme. Kenne die Pro's und Con's deines jetzigen Jobs. Wertschätze den Ist-Zustand und freue dich, dass du von jetzt an alles ändern darfst, was dir nicht gefällt.

Tipp #13: Warum bist du da, wo du bist?

Hier wird es schon etwas tricky. Es ist nicht nur wichtig, zu wissen wo man steht, sondern auch, warum man wo steht. Deine Glaubenssätze, deine Gedanken über dich und die Welt und deine Handlungen haben dich ganz genau dorthin geführt, wo du jetzt bist. Zu erkennen, warum du dort bist, wo du bist, macht dich zum Meister deiner Umstände und zum Veränderer, wenn du es willst. Denn, wenn du ein neues Leben starten willst, musst du das Leben von jetzt an bewusst anders angehen.

Tipp #14: Suche dir Verbündete

Frage dich, warum der Zwang hinein ins Hamsterrad so stark ist? Klar, weil jeder es tut. Jeder sagt dir, dass das der richtige Weg ist und dass die Welt da draußen unsicher ist. Dein ganzes Mindset wird dadurch geformt. Sobald du dich davon losgelöst hast, ist der erste Schritt getan. Doch es ist schwer, stark zu bleiben, wenn man sich tattäglich mit eifrigen Hamstern umgeben muss. Daher brauchst du Verbündete. Du brauchst Menschen, die im gleichen Boot sitzen und dich mit deinem Ziel verstehen und sogar unterstützen.

Tipp #15: Finde deine Leidenschaft

Es wird schwer, ausdauernd dran zu bleiben, wenn du deine Leidenschaft nicht gefunden hast. Angenommen, du schaffst den Schritt in die Selbstständigkeit, aber deine Arbeit erfüllt dich immer noch nicht. Dann hast du vielleicht mehr Freiheiten, aber viel weiter bist du nicht gekommen. Denn du musst deine Kraft und Energie weiterhin in eine Arbeit stecken, die dich nervt.

Der Schlüssel heraus aus dem ganzen Hamsterrad ist: Finde etwas, dass dich erfüllt und mache es zu deinem Job.

Tipp #16: Schuldenmanagement einrichten

So gut wie jeder Deutsche hat irgendwo Schulden – sei es nur eine Smartphone-Finanzierung. Etwa 7 Millionen Deutsche gelten offiziell als verschuldet. Die Chance, dass auch du Verbindlichkeiten abzubezahlen hast, ist groß. Außerhalb des Hamsterrades ist es überlebensnotwendig, dass du den 100%igen Überblick über deine Finanzen hast und am besten schon heute weißt, wo dein Geld in einem Monat hingeht.

Schulden gehören zu den stärksten Hamsterradfesseln. Erstelle also einen bombensicheren Schulden-Abbezahl-Plan und ziehe ihn konsequent durch.

Tipp #17: Einkommensmanagement einrichten

Dieser Tipp schließt direkt an den vorherigen. Nicht nur deine Schulden müssen TOP gemanaged werden. Auch deine übrigen Ein- und Ausgaben. Fleißige Hamsterradler bekommen Geld und geben es ohne Sinn und Verstand aus, bis nichts mehr da ist und das nächste Geld kommt.

Hamsterrad-Ausbrecher budgetieren intelligent und halten sich an ihre Standards. Ich empfehle dir das 6-Konten-Modell. Verteile dein Einkommen immer prozentuell (ohne Ausnahme) auf deine 6 Konten. Diese 6 Konten stehen für ganz spezielle Teilbereiche in deinem Leben. Zum Beispiel: Spaß, Schulden, Spenden, Investitionen, Bildung und Fixkosten.

Tipp #18: Reduziere dein 9-5 auf eine 4-Tages-Woche

Den alten Job zu verlassen, muss nicht von jetzt auf gleich passieren. Eine wundervolle Möglichkeit, ist von einer 5- auf eine 4-Tages-Woche zu wechseln. Du hast dadurch ein Tag mehr Luft, ein Tag mehr Zeit und ein Tag mehr Möglichkeiten, ein eigenes Business aufzubauen. Immer mehr Firmen bieten 4-Tages-Wochen als modernen Arbeitsmodell an. Strecke mal deine Fühler bei deinem Arbeitgeber aus und frage, was möglich ist.

Tipp #19: Gehe in Teilzeit

Wenn die 4-Tages-Woche nicht realisierbar ist, wechsle in ein Teilzeit-Modell. Das verschafft dir ebenfalls mehr Zeit, für eigene Gedanken und eigene Projekte. Sehr viele Hamsterrad-Ausbrecher haben so begonnen. Dein Vorteil: Bekomme ein Stück mehr Freiheit und genieße gleichzeitig deinen Job als sicheres Standbein, um deine Fixkosten zu decken. Das Geld reicht nicht? Dann ist es ganz essentiell, den Lebensstandard zu senken. Günstigere Wohnung, günstigeres Auto, weniger Nice-to-have-Einkäufe.

Tipp #20: Suche dir Jobs mit Sinn

Das Hamsterrad zu verlassen bedeutet nicht, dass du gleich das Angestelltenverhältnis aufgeben musst. Ja, manch ein Mensch ist sogar ideal als Angestellter aufgehoben und kann hier seine Berufung finden. Lass dich nicht durch die strikte Raus-aus-dem-Hamsterrad-Mentalität verunsichern. Doch, wenn du das Gefühl hast, dass du auf jeden Fall aus deinem alten Job rausmusst, suche dir einen anderen Job, der einen höheren Zweck erfüllt. Im Tierschutz zum Beispiel. Nur, weil man angestellt ist, heißt das noch lange nicht, dass du weniger Wert bist und ein Hamster im Hamsterrad bist.

Interessante Plattformen sind: The Changer, Good Jobs, Greenjobs, Escape the City.

Tipp #21: Jobsharing

Um sofort einen ganzen Batzen mehr Freiheit zu bekommen, kann auch Jobsharing eine ideale Alternative sein. Gehe in eine Firma, die es ermöglicht, dass zwei Angestellte einen Job erledigen. So kannst du dir mit deinem Partner eine Stelle teilen und euch gegenseitig mehr Freizeit gewährleisten. Für dich springt natürlich ähnlich viel Zeit und Geld wie bei einem Teilzeitmodell heraus. Doch wenn weder Teilzeit- noch 4-Tages-Wochen-Modelle nicht möglich sind, öffnet sich hier eine weitere Alternative für dich. Eine interessante Plattform, wo sich sowohl Firmen, als auch Jobsharing-Partner finden, ist: Tandemploy.

Tipp #22: Mache einen Job-Ausflug

Es geht immer darum, den Horizont zu erweitern. Schnell bist du in einem Job drin, schnell rostest du ein, weil du dich nicht mehr weiter mit neuem Wissen beschäftigst. Ein Jobausflug kann dir neue Einblicke verschaffen und deine intrinsische Motivation, etwas Neues wirklich in die Tat umzusetzen, verstärken. Ein Portal, wo du in andere Jobs für gewisse Zeit als „Andersgelernter" arbeiten kannst ist „Descape". Wie wäre es mit deinem Traumberuf als Kind?

Tipp #23: Richte eine 3-monatige Testphase

Wenn du es irgendwie einrichten kannst, mache doch einfach mal eine 3-monatige Testphase. Bespreche mit deinem Arbeitgeber vielleicht ein Mini-Sabatical. Suche dir einen neuen Job, kündige deinen alten und lasse dir zwischenzeitlich 3 Monate frei. In diesen 3 Monaten kannst du dir einen Vorgeschmack holen und dich damit beschäftigen, wie du dein Leben außerhalb des Hamsterrads von nun an gestalten kannst. Aber Vorsicht! Die 3 Monate sind kein Urlaub. Nutze die Zeit, um dich mit eigenständigen Arbeiten, Zielsetzung und mit Chancen auseinanderzusetzen.

Tipp #24: Bilde dich ständig weiter

Wenn du eigenständig raus in die Welt gehst, dann wirst du merken, dass du ganz viele Dinge plötzlich alleine regeln musst. Dein Einkommen ist plötzlich nicht mehr an deine simple Expertise und an deinem Arbeitgeber geknüpft, sondern auch an Tugenden wie: Charakter, Lösungsfindung, Kommunikation, Selbstorganisation, Selbstmotivation und vielen mehr.

Da du diese Tugenden nur wenig in Uni, Ausbildung und Schule gelernt hast, gilt es ab sofort, Selbststudium zu betreiben. Lese Bücher, besuche Seminare und bilde dich alternativ durch YouTube, Blogs und Coaches weiter.

Die ständige Weiterbildung ist das Fundament für dein Leben außerhalb des Hamsterrades.

Tipp #25: Plan B im Kopf haben

Du solltest zumindest eine vage Vorstellung davon haben, wie es weitergeht, wenn du dich als Unternehmer deines Lebens nicht allzu wohlfühlst. Einfach „Job kündigen und auf in die Welt" ist unter vielen Umständen nicht empfehlenswert. Vor allem, wenn du Verantwortungen hast wie zum Beispiel eine Familie. Wie dein Sicherheitspolster aussehen kann, ist unterschiedlich. Das kann zum Beispiel angespartes Geld sein. Oder aber du hast anschließend wieder die Möglichkeit, in einen Job zu gehen, etwas zu studieren oder ähnliches.

Tipp #26: Verliere nicht den Boden unter den Füßen

Es ist sehr wichtig, dass du immer dein Ziel im Blick hast. Doch ebenso wichtig ist es, immer den Bezug zu deinem tatsächlichen Ist-Zustand zu behalten. Denn nur aus dieser Perspektive kannst du richtige Entscheidungen treffen. Viele machen den Fehler und fallen in einen alten Rhythmus oder geben Geld aus, das sie nicht haben. Das wird dir nicht passieren, wenn du immer die Tatsachen im Blick behältst.

Tipp #27: Denke kurz- und langfristig!

Du investierst in Immobilien oder in Fonds? Das ist schön und gut, doch können dir diese Investments wirklich finanzielle Freiheit schenken – und zwar jetzt? Nein wahrscheinlich erst in 20 Jahren oder später. Was ist aber jetzt? Das Hamsterrad zu verlassen bedeutet, dass es so schnell wie möglich geschehen sollte. Denn die Aussicht auf ein selbstbestimmtes Leben in 20 Jahren ist schlussendlich kein selbstbestimmtes Leben. Suche also nach Lösungen, um schnell aus dem Hamsterrad zu kommen. Das schaffst du durch passive Einnahmen aus eigenen Produkten wohl am schnellsten. Etwa durch Bücher, Online Kurse oder Internetmarketing. Es gibt natürlich auch andere Varianten. Wichtig ist nur, dass du aktiv den schnellen Ausgang dingfest machst.

Tipp #28: Erst die Entscheidung, dann das Know-How – nicht umgekehrt

Viele Angestellte machen den Fehler, dass sie sich im Vorfeld alles Wissen aneignen wollen und sich sagen: „Danach kann ich starten." Das ist falsch. Denn es gibt so viele Inhalte, dass du dich nie bereit fühlen wirst. Im Gegenteil: Je mehr du dich vorzubereiten scheinst, desto mehr wirst du das Gefühl bekommen, dass du mehr Vorbereitung brauchst. Triff also erst die Entscheidungen, beginne damit und wenn es soweit ist, kümmerst du dich um das Know-How. Nicht umgekehrt!

Tipp #29: Die: „wenn-Falle" erkennen und vermeiden

Die „Wenn-Falle" ist tückisch. Wenn ich mein Kind großgezogen habe… Wenn ich mehr Gehalt bekomme habe… Wenn ich eine Frau oder einen Mann gefunden habe… Wenn ich XY, dann steige ich endlich aus dem Hamsterrad aus.

Diese Denkweise ist ein fataler Fehler. Denn du wirst nicht aussteigen. Das Hamsterrad zu verlassen ist eine Entscheidung, die dein gesamtes Leben beeinflussen wird. Also auch die Partnerfindung, die Erziehung und auch dein Gehalt. Dreh den Spieß um und erreiche deine Wünsche, INDEM du aus dem Hamsterrad aussteigst.

Tipp #30: Erkenne, dass fehlender Mut nur eine Angewohnheit ist

Es scheitert oft an unserem Mut. Entweder hat man Bedenken, den Job zu kündigen oder man traut sich nicht, ein Projekt zu launchen. Das ist völlig normal. Verstehe jedoch, dass der fehlende Mut nur eine Angewohnheit ist. In der vorherigen Zeit hattest du in der Regel nur wenig Selbstverantwortung zu tragen. Jetzt geht es plötzlich um ganz viel. Wenn du jedoch weißt, dass du es einfach nur verlernt hast, mutig zu agieren, lasse diese Gewohnheit los und tu es einfach.

Tipp #31: Wenn Geld keine Rolle spielen würde…

Um dein großes „Warum" herauszufinden und ein Gefühl dafür zu bekommen, was da draußen alles auf dich wartet, erstelle eine Liste mit allen Dingen, die du jetzt sofort und im nächsten Monat tun würdest, wenn Geld keine Rolle spielt. Stell dir vor, du bekommst morgen 10 Millionen Euro überwiesen. Was würdest du machen?

Und bitte keine kühnen Pläne wie Spenden, Altersvorsorge oder ähnliches aufzählen. Schließlich willst du ja herausfinden, warum ganz speziell DU aus dem Hamsterrad entfliehen willst.

Tipp #32: Kreiere deinen eigenen Job!

Das klingt auf den ersten Blick vielleicht etwas romantisch, wird aber der Schlüssel zu deinem absoluten Lebensglück sein. Was macht dich aus? Was tust du, wenn keiner zuschaut und was begeistert dich am meisten? Es gibt überall eine Möglichkeit, etwas zu kreieren, das auch andere Menschen reizt.

Erst, wenn du es schaffst, dich von allen Pflichten und Fesseln zu lösen und alles aus einem inneren, glücklichen Antrieb heraus machst, wirst du dein Hamsterrad vollständig verlassen können.

Du merkst es, wenn du gehasste Aufgaben gerne erledigen willst, weil du genau weißt, dass es für dein großes Ziel ist.

Tipp #33: Realisiere, dass du keinen Chef mehr haben wirst

Ein sehr taffer Schritt für viele Neu-Unternehmer! Denn die meisten Menschen sind es gewohnt, dass ihnen gesagt wird, was sie zu tun haben. Der Arbeitstag beginnt mit Briefings, Aufgabenzuteilungen usw. Wenn du aber jetzt alleine vor dem Laptop sitzt, kann schon einmal die Frage aufkommen „Was soll ich jetzt machen?"

Damit musst du umgehen können. Lerne, dass du dir deine Aufgaben selbst erteilst. Und wisse, dass du auch manchmal umsonst arbeiten wirst.

Tipp #34: Verstehe, wofür du in der Welt bezahlt wirst

Wenn es an den Aufbau deines Unternehmens geht, gilt ein Grundsatz: Ohne Kunden geht nichts! Du brauchst Menschen, die dich für deine Ideen, Produkte und Dienstleistungen bezahlen wollen. Wie also schaffst du des, Kunden anziehen und zu behalten? Ganz einfach: Nur durch Mehrwert! Menschen kommen zu dir nur dann, wenn Sie das Gefühl haben, dass sie etwas davon haben. Löse die Probleme anderer Menschen. Ermögliche ihnen Freude oder Entspannung. Hole die Menschen dort ab, wo sie emotional werden.

Tipp #35: Verbanne alles, was dich abhält

Es kann schmerzlich werden, aber ein Schritt ins Hamsterrad ist ein Schritt in ein neues Leben. Aber die meisten Menschen scheitern daran, dass sie immer wieder von ihrem alten Leben eingeholt werden. Alte TV-Shows, alte Gegenstände, alte Routinen und alte Freunde, die es nicht wahrhaben wollen, dass du ab jetzt in Freiheit lebst. Unterschätze nicht die Gefahr dieser Macht. Um nach oben fliegen zu können, musst du dich von dem Bleiklotz an deinem Bein lösen. Auch, wenn du dafür manchmal Freunde hinter dir lassen musst.

Tipp #36: Adieu Lebensversicherung und Bausparvertrag!

Ab jetzt bist du der Herr deiner Finanzen. Übernimm selbst die Verantwortung für deine Rente und deine Ersparnisse und lege sie nicht in die Hände einer Bank. Denn wer die Verantwortung abgibt, wird dafür am Ende bestraft. Entweder mit zu wenig Geld oder mit gar keinem Geld. Schaue dich selbst nach klugen

Investments um. Lese und bilde dich weiter, um dein Geld clever zu vermehren.

Tipp #37: Es gibt kein richtig oder falsch!

Du musst unbedingt soweit kommen, dass du in den Macherstatus kommst. Ständig hin und her denken und Situationen abzuwägen wird dich nicht weit bringen. Wenn du eine Idee hast, trau dich, tu es und wenn es am Ende nicht funktioniert, ist das auch okay. Am Ende hast du aber nur gewonnen. Erfahrungen sind das A und O. Du musst nicht noch ein Buch lesen, um zu starten.

Tipp #38: Höre auf deine Intuition!

Dein Bauchgefühl war bisher nicht allzu gefragt? Jetzt schon! Denn wenn du irgendwie merkst, dass du dich mit einem Geschäft oder einem persönlichen Kontakt nicht ganz wohlfühlst, solltest du es lieber ganz bleiben lassen. Du spürst haargenau, wenn etwas nicht zu dir passt. Nimm das ernst.

Soweit so gut. Wir haben bis hierhin sehr viele praktische Tipps gegeben, um dich sanft aus dem Hamsterrad zu ziehen. Doch Veränderung findet nicht nur im äußeren Leben statt, sondern ganz

besonders im Inneren. Wenn du eine Änderung herbeiführen willst, müssen sich deine Gedanken und Gefühle ändern. Du musst buchstäblich anders ticken als ein fleißiger Hamsterradler. Hier folgen nun einige Tipps, die enorm wichtig für dein Mindset sind:

Tipp #39: Informationsdiät sofort beginnen

Nachrichten, Zeitungen, Radio? Aus damit! Das brauchen wirklich nur diejenigen, die brav im Hamsterrad bleiben wollen. Denn dort dreht sich alles nur um Krisen, Angst und – um es so zu nennen – der Matrix, der du eigentlich entfliehen willst. Um dein eigenes Leben selbstbestimmt zu gestalten, braucht dein Kopf Abstand von Nachrichten. Bilde dir deine eigene Realität und lasse dir keine Realität von außen aufschwatzen. Fokussiere dich nicht auf Flüchtlingskrisen, fokussiere dich auf dein Leben, dein Umfeld und erweitere deinen eigenen Horizont täglich.

Statt Nachrichten kannst du Dokus schauen. Statt Zeitung kannst du ein Buch lesen. Statt Radio kannst du deine eigene Musik genießen oder Hörspiele hören. Statt TV kannst du Netflix oder YouTube wählen.

Tipp #40: Visualisierung

Visualisierung ist eines der wichtigsten Tools überhaupt. Je öfter du visualisierst, desto klarer wird deine Vorstellung von deinem idealen Leben. Durch die ständige Vorstellungskraft gleichst du deine Person an die Erlebnisse an, die du dir so sehr wünscht. Wenn du dir wünschst, passives Einkommen zu generieren, musst du deine Person zu der Person machen, die passives Einkommen generiert. Das schaffst du durch die innere Umstellung, also durch ständiges Visualisieren, wie du Probleme löst, wie du Ideen umsetzt und wie du schlussendlich das Einkommen auf deinem Konto einfließen siehst.

Tipp #41: Beschäftige dich mit guter Ernährung und setze sie um

Hier kommt wieder der Spruch: „Du bist, was du isst." Doch dem ist wirklich so. Mehr als 90% aller erfolgreichen Unternehmer können dir bestätigen, dass eine gesunde Ernährung fundamental für deine kognitive, kreative Fähigkeit und für deine Leistung ist. Gute Nahrung setzt Energie frei und beeinflusst deine Gedanken positiv. Schwere, ungesunde Nahrung raubt dir Energie und erschwert deine Gedanken.

Das, was du in deinen Körper tust, ist gleichzeitig ein Signal, wie sehr du dich selbst wertschätzt. Gib dich nur mit dem frischesten und besten zufrieden.

Tipp #42: Löse dich von Materialismus

Materialismus ist, ähnlich wie die Schulden, eine extreme Hamsterradfessel. Denn Materialismus kostet Geld und trägt nur sehr bedingt zu einem glücklichen Leben bei. Materialismus ist nichts Schlechts. In Anbetracht dessen, was du jedoch erreichen willst, wirkt es mehr wie ein Fass ohne Boden. Du gibst mehr aus, weil du denkst, dass es dich glücklich macht. Tut es aber nicht.

Befreie jetzt sofort deinen Kopf und miste mal komplett aus, was du nicht brauchst. Anschließend kaufe nur Dinge, die du wirklich brauchst und – ganz wichtig – benutzt.

Tipp #43: Die Welt, das System und dich selbst hinterfragen

Wenn du bereits merkst, dass dein Job dich nicht mehr das Nonplusultra ist und du aus diesem Käfig ausbrechen willst, hast du bereits erkannt, dass ein Hamsterrad ein System ist, in das wir Menschen einfach hineingepresst werden. Doch das ist bei weitem nicht alles. Wie sieht es mit dem gesamten System aus? Wie fungierst du in diesem System? Hinterfrage einfach mal die Welt. Warum ist das alles so? Und warum muss ich mitspielen?

Tipp #44: Tue so, als ob

Es ist wichtig, dass nicht sofort in ein Mangelmindset übergehst, sobald du deinen Job gekündigt hast oder merkst, dass du im Hamsterrad festsitzt. Denn wenn sich das einmal festsetzt, zieht es sich durch alle Bereiche deines Lebens und dein Fokus wird laufend auf deinen Problemen und nicht auf deinen Lösungen liegen. Wenn du deine Entscheidungen getroffen hast, suche dir bestimmte Bereiche aus, in welchen du dich exakt so verhalten kannst, wie du es dir vorgestellt hast, wenn du endlich aus dem Hamsterrad gekommen bist. Und dann handle und genieße es, als wenn du bereits erfolgreich, frei und unabhängig bist.

Tipp #45: Sich an den Worst-Case gewöhnen

Eine Übung, die wirklich sinnvoll ist. Oft fehlt uns der Mut oder uns ergreift uns die Angst. Das ist normal. Um dir aber selbst die Angst zu nehmen, stelle dir einfach den Worst-Case vor. Durchlebe ihn im Kopf mehrmals, um dein Geist wortwörtlich daran zu gewöhnen. Ehe du diese Übung machst, merkst du, dass es gar nicht so schlimm werden kann. Ganz besonders in Deutschland haben wir ein gutes Auffangsystem. Im schlimmsten Fall hast du also immer noch ein Dach und genug zu essen für deine Familie.

Tipp #46: Den Moment leben

Als Mensch, der sich in der modernen Welt wiederfindet, ist es eine sehr schwierige Sache, einfach den Moment zu leben. Zu groß sind die Sorgen an das Monatsende und die damit verbundenen Ängste. Oder die Pläne für das Wochenende oder aber die Erinnerungen aus der Vergangenheit. Als Unternehmer werden deine Ängste zunächst einmal größer werden. Das ist ganz normal, denn dir wird schnell sehr viel Sicherheit genommen. Gerade deswegen ist es deine Pflicht, dich immer wieder ins Hier und Jetzt zu bringen. Das geht am besten, wenn du kurz mal innehältst und alles im Geiste aufzählst, was du jetzt in diesem Moment hast und wofür du dankbar sein darfst.

Tipp #47: Alte Verhaltensmuster auflösen

Veränderungen passieren nicht, wenn du weiterhin das Gleiche tust. Dieser Leitsatz muss sich bei dir einprägen. Denn alles, was du bisher getan hast, hat dich dorthin gebracht, wo du heute bist. Wenn du also ein neues Ziel hast, musst du deine alten Verhaltensmuster auflösen und durch neue ersetzen – nämlich durch solche, die dir bei deinem Ziel helfen. Dazu gehören auch Denkmuster, Gewohnheiten und dein Umfeld.

Tipp #48: Helfe anderen dabei, Ihre Träume zu erreichen

Ja du hast richtig gehört. Noch bevor du mit aller Macht deine eigenen Ziele erreicht hast, gilt es, anderen bei Ihren Zielen zu unterstützen. Du wirst so nämlich Teilnehmer einer Wechselwirkung. Wenn du anderen Menschen hilfst, wird auch dir geholfen. In der Geschäftswelt läuft Vieles über externe Hilfe. Überall gibt es Experten oder jemanden, der dir weiterhelfen kann. Andersherum bist du auch jemand, der anderen helfen kann.

Tipp #49: Tu es jetzt!

Egal, was dein erster Schritt ist, tu es jetzt sofort. Denn jetzt hast du die Motivation. Jetzt hat deine Energie den richtigen Fokus. Wenn du jetzt nicht handelst, wirst du in wenigen Tagen wieder in deinen alten Trott gefangen sein und das gleiche wie immer tun. Den Wunsch, das Hamsterrad zu verlassen, wirst du fast schon vergessen haben.

Suche dir jetzt alle Informationen, die du brauchst, um bei deinem Arbeitgeber auf Teilzeit zu gehen. Suche dir Möglichkeiten, mehr Freizeit zu generieren. Suche nach deiner Leidenschaft und setze sie um.

Tipp #50: Lerne nur von denen, die es bereits geschafft haben

Du wirst nicht drum herumkommen, dich weiterzubilden. Du kannst entweder alles alleine probieren oder du kannst dir von erfahrenen Unternehmern und Hamsterrad-Aussteigern den Weg zeigen lassen. Klar ist natürlich, dass du nichts zu 100% kopieren kannst. Aber das ist auch gut so, schließlich willst du ja dein eigenes Business erschaffen.

Schlusswort

Das Lernen von erfolgreichen Personen kann dir aber helfen. So zum Beispiel die Informationen von Gunnar Kessler. Auf seiner Webseite verrät er dir, bereits viele Tipps und Tricks völlig kostenlos, wie du die ersten Schritte vollziehen kannst.

Lerne dort außerdem die simple Strategie, mit der du mehr verdienst als dein Chef bei doppelt so viel Urlaub! Ohne je wieder für andere Menschen zu schuften! Checke das Video jetzt unter diesem Link :

>> www.FreeHappyLife.com <<

KEIN SCHERZ! Falls du ernsthaft dein Hamsterrad verlassen willst, dann klicke jetzt auf den Link und erfahre mehr über diese Strategie:

>> www.FreeHappyLife.com <<

Impressum

Ilya Ponomarenko
Barfüßerstr. 17
06108 Halle (Saale)

Projekt www.FreeHappyLife.com
info@freehappylife.com

1. Auflage 2018

Herausgegeben von Ilya Ru | Projekt
www.FreeHappyLife.com